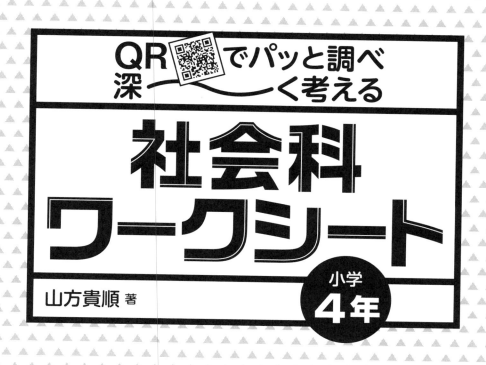

QR でパッと調べ
深 く考える

社会科 ワークシート

小学 **4年**

山方貴順 著

JN062838

☀学芸みらい社

まえがき

　何を隠そう私は、ワークシートを使った授業が大の苦手です。それは、ワークシートには下の大きな弱点が3点あり、世の多くのワークシートでは、それらを払拭しづらいと考えているためです。

私が考えるワークシートの弱点

> ①印刷が面倒
> ②授業の展開を知られ、先々まで書いてしまう子どもがいる
> ③教師が大事だと思うことと、子どもが大事だと思うことが、異なる場合がある

　ワークシートを作成する貴重な機会をいただいたため、上で書いた弱点を極力薄められるよう構成しました。また、4年生社会科ならでは特徴を合わせた、本書の特徴4点をお伝えします。

本書の特徴① 印刷が面倒ではない

　教師向け頁にあるQRコードを読み込むことで、子ども向け頁のPDFが現れます。わざわざ印刷せずとも、PDFを子どもに配布することができます。また印刷し、紙で学習する際にも、PDFをプリントアウトすることで、ずれを気にせず印刷できますし、コストが安い場合もあります。

本書の特徴② 級友と学ぶ「協働的な学び」を取り入れながら、市民性の育成を

　学校で行われる授業ですから、知識の注入だけでなく、資質・能力の育成や、各校で定められている学校教育目標の達成、そして社会科の究極の目標である公民的資質・能力（市民性）を育成したいと考えます。そのため、級友と考えて書く欄や、級友に書いてもらう欄を設けています。

本書の特徴③ 教師が大事だと思うことと、
子どもが大事だと思うことの両方を認める

　表をつくる場面がありますが、項目にあえて空欄にしている箇所もあります。こうすることで、落としてはならない授業の大枠（教師が大事だと思うこと）は残しつつも、子どもが大事だと思うことも認めることができるようにしています。

本書の特徴④ 4年生社会科は、自分が住む都道府県を学ぶため、
全国共通の答えを設定できない。

　著者として心苦しいのですが、全国共通の答えを用意できていません。答えに悩む場合は、勤務校の先生方や教師仲間と相談してみてください。その相談が、良質な教材研究ともなります。

　このワークシートをご活用いただくことで、授業準備の時間を浮かせ、その浮いた時間で、先生方の人生が豊かになるようにしていただければ幸いです。

山方貴順

① 単元について

副読本のことを配慮せず、どちらの都道府県でもお使いいただけます

　本書は、東京書籍の小学校社会科教科書である『新しい社会4』を参考に、単元を設定しています。とはいえ、他社のものでも、副読本をメインで使う都道府県であっても、単元に変わりはありませんので、単元について気にせず、全国どこでもお使いいただけます。

「7. 特色ある地いきと人々のくらし」について

　学習指導要領では、「伝統的な技術を生かした地場産業が盛んな地域」「国際交流に取り組んでいる地域」と、「地域の資源（「自然環境」か「伝統的な文化」）を保護・活用している地域」を学ぶよう示しています。都道府県の特色に合わせ、「自然環境」か「伝統的な文化」を選択ください。

② 学習問題の取り扱いについて

本来は子どもとともにつくるものだけど……

　学習問題は本来、子どもたちとともに自分たちの身の回りにある問題から問いをつくり、世の中をよりよくしていくために考えていくための問いをさします（そのため小学校社会科では、学習課題との言葉を使わず、学習問題とすることが通例となっています。一方、他教科や、中学校社会科では、学習課題とすることが一般的です）。そのため、本書において取り扱いをどのようにしようかと悩んだのですが、印刷しておいたほうが使いやすいと考え、文字を入れています。もし不要であれば、紙なら修正液、データなら白の図形等で消去してください。ただ、

「ぼくたちが住んでいる○○市では、印刷している文字より、こっちの方がぴったりくるね」

「この問いよりも、私は……のほうが学びたくなる」

といった声が上がれば、学級全体で一度検討していただき、どんどん変更してくだされば幸いです。その時には「その問いで、その単元の学習内容を学ぶことができるか」を基準に検討してください。

③ 解答例について

　「まえがき」の本書の特徴でお伝えしたように、4年生社会科は都道府県ごとに学習内容が異なるため、全国共通の解答例を示すことができていません。そのため、ご不便をおかけするかもしれませんが、どうかご容赦ください（「8. 都道府県」のみ、解答例を示しています）。

県の広がり

子どもページ
QRコード

8時間計画

本単元のポイント

①子どもが、自分の住む県を身近に思えることがポイントです。

②地図帳の使い方を伝えるのに適した単元です。

③「○○だから△△」と単元後半は、複数の情報を結び付けて考えさせることが重要です。

資料について

① Yahoo! や Google 等で「(都道府県名) 白地図」と画像検索することで、子どもが住む都道府県のフリーの白地図を入手することができます。

②本単元は、子どもとともに資料を作り上げていくことができる単元です。自分たちで作った複数の資料をもとに、2つの情報を結び付けて考えさせたいと思います。

③「教科書に書いてあること」「地図帳にあること」は、当然有効です。しかし、日常生活の「○○市は△△が有名」等の経験も有力な資料となることも念頭に置いておきましょう。

単元計画

	学習内容	主な準備物	解答例やポイント
①	地図帳の使い方	地図帳	気付いたことを文字にできることが大事です。
②	学習問題づくり	地図帳	地図帳の索引の使い方も伝えましょう。
③	地形	自分の県の白地図	細かく見ずに、概観できることが大切です。
④	土地利用	自分の県の白地図	細かく見ずに、概観できることが大切です。
⑤	主な市町村	自分の県の白地図	縮尺は、何問も解かせてみてください。
⑥	交通	自分の県の白地図	❶ 人・物・運ぶ ④ ③〜⑤で学んだことを活用させましょう。 交通が集まっているところ→平野や県庁所在地 他の都道府県とのつながり→隣県に行きやすい
⑦	産業	自分の県の白地図	❸ ③〜⑥で学んだことを活用させましょう。 ・交通と産業→高速道路沿いに、工場が集まる ・地形と産業→平野に○○が多くつくられる等
⑧	学習問題の解決	③〜⑦の地図	日常生活と比較させ、「そういえば……」「確かに……」という言葉を引き出させたいものです。

学習のめあて

年　　組　名前（　　　　　　　　　　　）

 **地図帳を使ってみましょう。**

❶ 地図帳で日本の地図を見て、「おもしろいな」と思ったことを、都道府県とともに書きましょう。

都道府県名	見つけたこと
例) 奈良県	・金魚がかいてある ・海がない

❷ 地図帳を見て、「へえ、そうなの」「なんでこうなの」という発見など、みんなに知らせたいことを書きましょう。

....

....

....

めあて わたしたちが住む県の位置や特色、各地の人々のくらしについて、地図や資料を使って、調べてみましょう。

県の広がり ②

学習問題をつかむ

年　　組　名前（　　　　　　　　　　　　　）

 わたしたちの住む（県　　　　　　　）について
話し合い、学習問題を考えましょう。

❶ 地図帳のさくいんから自分が住む（県　　　　　　）を見て、気づいたことを書きましょう。

....

....

❷ 友達の意見を聞いて、「なるほど」と思ったことを書きましょう。

....

....

❸ 地図を見るときに大切な下の4つの言葉は、話し合いの中で出てきましたか。出て
きたものに〇をつけましょう。

地形　　都市の位置　　交通　　産業

❹ 自分が住む（県　　　　　）で、下の4つの言葉はどんな様子か、予想しましょう。

地形	
都市の位置	
交通	
産業	

学習問題	わたしたちの県の地形や都市の位置、交通、産業には、どのような特色があるのでしょうか。

10

県の広がり 3

地形を調べる

年　　組　名前（　　　　　　　　　　　　）

（県　　　　　　　　　　）では、どのような地形が
見られるでしょうか。

地図帳で、自分が住む都道府県（とどうふけん）を見て考えましょう。

❶ 自分が住む都道府県の地形について、気づいたことを書きましょう。

....

....

❷ 自分が住む（県　　　　　　　　）内の場所ごとに、地形はどのような様子か書いてみ
ましょう。

都道府県内の場所 （例（れい）：西・南東・中央など）	（西の例）　奥羽山脈（おううさんみゃく）が続いている （南東の例）仙台湾（せんだいわん）に面している

❸ 地形の特（とく）ちょうについて、わかったことを、白地図にかきこみましょう。

〈注記〉
児童が住む都道府県の白地図を貼ってください
「「（児童が住む都道府県）　白地図」と、Yahoo! や Google 等で画像検索すると、
白地図が出てきます。

11

土地利用を調べる

年　　組　名前（　　　　　　　　　　　　　　　　　　）

（県　　　　　　　　　　　　）では、どのように土地が
使われているのでしょうか。

地図帳で、自分が住む（県　　　　　　　　　）を見て考えましょう。

❶（県　　　　　　　　）の土地利用について、気づいたことを書きましょう。

＿＿＿＿＿＿＿＿＿＿＿＿＿＿＿＿＿＿＿＿＿＿＿＿＿＿＿＿＿＿＿＿＿＿

．．

．．

❷ 土地利用ごとに、県内の場所を整理しましょう。

土地利用	都道府県内の場所
市街地	
田や畑	
森林	

❸ 地形の特ちょうについて、わかったことを、白地図にかきこみましょう。

〈注記〉
児童が住む都道府県の白地図を貼ってください
「「（児童が住む都道府県）　白地図」と、Yahoo! や Google 等で画像検索すると、
白地図が出てきます。

市町村を調べる

年　組　名前（　　　　　　　　　　　　　）

（県　　　　　　　　　　　）には、どこに、どのような
市や町、村があるのでしょうか。

地図帳で、自分が住む（県　　　　　　　　　）を見て考えましょう。

❶ 自分たちの住む市町村名と、自分が住む都道府県の県庁所在地を書きましょう。

自分が住む市町村名　　　　　　　　　　県庁所在地

（　　　　　　　　　　　　　　　）（　　　　　　　　　　　　　　　　　）

❷ 地図帳を見て、山や川などの地形や、産業、観光名所などを見つけましょう。そして
てそれらは、どの市町村にあるか書きましょう。

見つけたこと	市町村

❸ 地図帳のしゅくしゃく（どれだけちぢめたかをしめすもの）を調べましょう。

（　　　　　　　）cm で（　　　　　　　）km。

（　　　　　　　）から（　　　　　　　）まで、およそ（　　　　）km はなれている。

❹ 市町村の特ちょうについてわかったことを、白地図にかきこみましょう。

〈注記〉
児童が住む都道府県の白地図を貼ってください
「「（児童が住む都道府県）　白地図」と、Yahoo! や Google 等で画像検索すると、
白地図が出てきます。

交通を調べる

年　　組　名前（　　　　　　　　　　　　　）

（県　　　　　　　　　　）の交通は、どのように
広がっているのでしょうか。

❶ 言葉のかくにんをしましょう。

　交通……（　　　　　）や（　　　　　）を（　　　　　　　）ためのものです。

地図帳で、自分が住む都道府県を見て考えましょう。

❷ 次の中から、自分が住む都道府県にあるものに〇をつけましょう。

鉄道　　新かん線　　高速道路や有料道路　　空港　　港

❸ ❷のものを、下の白地図にかきこみましょう。

〈注記〉
児童が住む都道府県の白地図を貼ってください
「「（児童が住む都道府県）　白地図」と、Yahoo! や Google 等で画像検索すると、
白地図が出てきます。

❹ 白地図にかきこんだものを見て、交通と場所について、気づいたことを書きましょう。

気づいたこと	場所
交通が集まっているところ	
ほかの都道府県とのつながり	

産業を調べる

年　　組　名前（　　　　　　　　　　　　　）

（県_{さんぎょう}　　　　　　　　　）には、どこに、どのような
産業があるのでしょうか。

❶ 言葉のかくにんをしましょう。

　　産業……農業や水産業、工業、商業など、社会をささえるさまざまな仕事のことです。

地図帳で、自分が住む都道府県を見て考えましょう。

❷ 自分が住む都道府県の産業について、しょうかいされているものを書きましょう。

❸ ❷のものを、下の白地図にかきこみましょう。

〈注記〉
児童が住む都道府県の白地図を貼ってください
「「（児童が住む都道府県）　白地図」と、Yahoo! や Google 等で画像検索すると、
白地図が出てきます。

❹ 白地図にかきこんだものを見て、気づいたことを書きましょう。

気づいたこと	場所
その場所の地形と産業	
土地の使われ方と産業	
交通と産業	

15

県の広がり 8

まとめる・学びをいかす

年　　組　名前（　　　　　　　　　　　　）

 自分が住んでいる県には、どのような特色があるのか、学んだことをまとめましょう。

| 学習問題 | わたしたちの県の地形や都市の位置、交通、産業には、どのような特色があるのでしょうか。 | 左の学習問題に答えましょう。 |

これまで自分がかきこんだ地図を見て考えましょう。

❶ いくつかの地図を見くらべて、下の5つの言葉を使って気づいたことを書きましょう。

| 地形 | 土地利用 | 県庁所在地 | 交通 | 産業 |

例）交通が集まっているところは、○○に多い。

....

....

....

....

....

❷ 「県の広がり」の学習で、どのようなことを学びましたか。②のワークシートの予想を見ながら、学んだことを書きましょう。

....

....

....

....

2 水はどこから

9 時間
計画

子どもページ
QRコード

本単元のポイント

①子どもが、理由とともに、節水は大切だと思えるようにすることがポイントです。

②日常の当たり前が、当たり前でないことに気付かせることに適した単元です。

③単元の終末には、なぜ節水するのか、学習したことをもとに考えさせることが重要です。

資料について

①４年生は都道府県版の副読本を使うことが一般的でしょうが、この単元は意外と、**教科書が使えます**。イラストなども、教科書の方がわかりやすいことがよくあります。

②この単元も、Yahoo! や Google 等の画像検索が有効です。「蛇口」「節水　ポスター」等と子どもが実際にイメージしやすくなるような**画像やイラスト**を示すとよいでしょう。

③社会科見学などで、浄水場を実際に訪れることができるなら、池の広さ、土地の高低、浄水場で働く方の思い、等を実際に感じさせるとよいでしょう。

単元計画

	学習内容	主な準備物	解答例やポイント
①	資料の読み取り	給水量と人口の推移がわかる資料	資料の①題、②単位、③目盛り、④推移を読み取らせ、近年の給水量の減少に気付かせましょう。
②	学習問題づくり	蛇口の画像	「水道は当たり前でない」と気付かせましょう。
③	浄水場のしくみ	浄水場の図	必要に沿って情報を引き出させましょう。
④	水質検査	水質検査の写真	「当たり前」がない状態にも着目させましょう。
⑤	ダムの働き	月別降水量のグラフ	降水量は一定でないことに気付かせましょう。
⑥	森のはたらき	地図帳	❶水は高いところから低いところへ流れる性質を活用していることに気付かせましょう。
⑦	水の循環	循環がわかる図等	自分が出した水が、環境に影響があることに気付かせましょう。
⑧	学習問題の解決	③〜⑦のシート	自分の生活との関係に気付かせましょう。
⑨	生活との関わり	節水に関する標語やポスター	❶「無駄遣いをやめる」「多くの人が努力をして水道水をつくっているから」等

学習のめあて

年　　組　名前（　　　　　　　　　　　）

わたしたちは、水をどんな場面で使っているか、自分の生活をふり返りましょう。

❶ 水を使って、どんなことをしていますか。朝起きてからねるまでの生活をふり返って、書きましょう。

....　　........................　　........................

....　　........................　　........................

❷ 自分の生活のほかで、水はどんなところで使われていますか。

....

....

❸ 下の2つの資料(しりょう)を見て、わかることや、ふしぎに思うことを書きましょう。

〈注記〉
子どもが住んでいる市の給水量の推移がわかる棒グラフと
子どもが住んでいる市の人口の推移がわかる棒グラフを示してください。

教科書にも、似たものが載っています。

....

....

めあて わたしたちが使う水道水について、どこからとどいているのか、くわしく調べてみましょう。

学習問題をつかむ

年　組　名前（　　　　　　　　　　　）

水道水について話し合い、学習問題を考えましょう。

❶ じゃ口をひねると水道水が出てくることについて、不思議に思うことを書きましょう。

....

....

❷ 友達の発表を聞いて、「なるほど」と思ったことを書きましょう。

....

....

> **学習問題** わたしたちの生活に欠かせない水は、どこで、どのようにきれいにされ、送られてくるのでしょうか。

❸ 上の問題について、矢印（→）を使いながら、予想しましょう。

水はどこから 3

じょう水場を調べる

年　　組　名前（　　　　　　　　　　）

じょう水場では、どのようにして水道水がつくられるのでしょうか。

教科書や副読本（ふくどくほん）の、じょう水場のページを見て答えましょう。

❶ 教科書や副読本の、じょう水場のページを見て、（　　　）の中を書きましょう。

①最初（さいしょ）の池の名前
（　　　　　　　　　　　　　　　　）

②一番広い池の名前
（　　　　　　　　　　　　　　　　）

③水をとっている川の名前
（　　　　　　　　　　　　　　　　）

④ごみやよごれを大きくするための薬品の名前
（　　　　　　　　　　　　　　　　）

⑤しょうどくに使う薬品の名前
（　　　　　　　　　　　　　　　　）

⑥大きくなったごみやよごれをしずめる池の名前
（　　　　　　　　　　　　　　　　）

⑦池の種類（しゅるい）
（　　　　　　　　　　　種類）

⑧水の量（りょう）などを管理（かんり）するところ
（　　　　　　　　　　　　　　　　）

❷ じょう水場のせつびについて、気づいたことやわかったことを書きましょう。

....

....

....

❸ 今日の学習で学んだことを書きましょう。

....

....

....

水質けんさを調べる

年　　組　名前（　　　　　　　　　　　　　　）

じょう水場では、安全できれいな水をつくるために、どのようなことをしているのでしょうか。

❶ 教科書を見て、（　　　）に言葉を書きましょう。

水質けんさ……水道の水質は、水道法という（　　　　　　　　　　）で決められています。水道の水は、けんさを受けた（　　　　　　　　　　）なものです。

❷ 水質けんさの写真を見て、気づいたことを書きましょう。

⋯⋯⋯⋯⋯⋯⋯⋯⋯⋯⋯⋯⋯⋯⋯⋯⋯⋯⋯⋯⋯⋯⋯⋯⋯⋯⋯⋯⋯⋯⋯

⋯⋯⋯⋯⋯⋯⋯⋯⋯⋯⋯⋯⋯⋯⋯⋯⋯⋯⋯⋯⋯⋯⋯⋯⋯⋯⋯⋯⋯⋯⋯

❸ 水道のれきしについて調べて、考えたことを書きましょう。

水の入手方法	考えたこと
川の水	
井戸の水	
水道水	

❹ 水道水がないと、わたしたちはどんなことでこまるか、考えたことを書きましょう。

⋯⋯⋯⋯⋯⋯⋯⋯⋯⋯⋯⋯⋯⋯⋯⋯⋯⋯⋯⋯⋯⋯⋯⋯⋯⋯⋯⋯⋯⋯⋯

❺ 今日の学習で学んだことを書きましょう。

⋯⋯⋯⋯⋯⋯⋯⋯⋯⋯⋯⋯⋯⋯⋯⋯⋯⋯⋯⋯⋯⋯⋯⋯⋯⋯⋯⋯⋯⋯⋯

⋯⋯⋯⋯⋯⋯⋯⋯⋯⋯⋯⋯⋯⋯⋯⋯⋯⋯⋯⋯⋯⋯⋯⋯⋯⋯⋯⋯⋯⋯⋯

水はどこから 5

ダムの働きを調べる

年　組　名前（　　　　　　　　　　　　　）

ダムは、どのような働きをしているのでしょうか。

〈注記〉
子どもが住む都道府県や市町村の、
月別降水量がわかる資料を貼ってください

❶ 自分が住む（県　　　　　　　　　）のこう水量について、気づいたことを書きましょう。

＿＿＿＿＿＿＿＿＿＿＿＿＿＿＿＿＿＿＿＿＿＿＿＿＿＿＿＿＿＿＿＿＿

＿＿＿＿＿＿＿＿＿＿＿＿＿＿＿＿＿＿＿＿＿＿＿＿＿＿＿＿＿＿＿＿＿

❷ ダムには、どのような働きがあるか、考えたことを書きましょう。

＿＿＿＿＿＿＿＿＿＿＿＿＿＿＿＿＿＿＿＿＿＿＿＿＿＿＿＿＿＿＿＿＿

＿＿＿＿＿＿＿＿＿＿＿＿＿＿＿＿＿＿＿＿＿＿＿＿＿＿＿＿＿＿＿＿＿

❸ 地図帳を見て、自分が住む（県　　　　　　　　）にあるダムの位置をさがしましょう。そして、気づいたことを書きましょう。

＿＿＿＿＿＿＿＿＿＿＿＿＿＿＿＿＿＿＿＿＿＿＿＿＿＿＿＿＿＿＿＿＿

＿＿＿＿＿＿＿＿＿＿＿＿＿＿＿＿＿＿＿＿＿＿＿＿＿＿＿＿＿＿＿＿＿

❹ 今日の学習で学んだことを書きましょう。

＿＿＿＿＿＿＿＿＿＿＿＿＿＿＿＿＿＿＿＿＿＿＿＿＿＿＿＿＿＿＿＿＿

＿＿＿＿＿＿＿＿＿＿＿＿＿＿＿＿＿＿＿＿＿＿＿＿＿＿＿＿＿＿＿＿＿

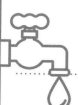

森の働きを調べる

年　　組　名前（　　　　　　　　　　　）

森は、どのような働きをしているのでしょうか。

❶ 地図帳を見て、自分が住む（県　　　　　　　　　　　）にある森の位置をさがしましょう。

森の位置と、ダムの位置をくらべて、気づいたことを書きましょう。

❷ 森には、どのような働きがあるか、考えたことを書きましょう。

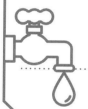

水のじゅんかんを調べる

年　　組　名前（　　　　　　　　　　　）

生活に使った水は、その後どうなるのでしょうか。

❶ 水のじゅんかんとは、水がまわっていることをさします。教科書を見ながら、「雨」から始めて、水の動きを、矢印（→）を使って、まとめましょう。

❷ 水のじゅんかんと、わたしたちの生活とのつながりについて書きましょう。

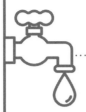

まとめる

年　　組　名前（　　　　　　　　　　）

水道水は、どこで、どのようにつくられるのか、学んだことをまとめましょう。

学習問題	わたしたちの生活に欠かせない水は、どこで、どのようにきれいにされ、送られてくるのでしょうか。

左の学習問題に答えましょう。

❶ 水は、どこで、どのようにつくられ、送られてくるのかをまとめましょう。そのときには、これまでの学習で学んだ「ダム」「下水しより場」「じょう水場」「水道管」「森」「水質けんさ」「水のじゅんかん」の言葉を入れましょう。

```



```

❷ 上にまとめてみて、「大事だな」と思ったことを書きましょう。

....

....

24

学びをいかす

年　　組　名前（　　　　　　　　　　　　）

かぎりある水を使い続けるために、自分たちにできることを考えてみましょう。

❶ 小学生の自分ができる、水を大切にする行動には、何がありますか。行動を考えて、その理由も書きましょう。

行動	理由

❷ 友達の意見を聞いて、「なるほど」と思ったことを書きましょう。

❸ 「水はどこから」の学習で、どのようなことを学びましたか。②のワークシートの予想を見て、学んだこととくらべてみましょう。

25

ごみのしょりと利用

12時間計画

本単元のポイント

①子どもが、理由とともに、ごみの減量は大切だと思えるようにすることがポイントです。

②日常の当たり前が、当たり前でないことに気付かせることに適した単元です。

③単元の終末、なぜごみを減らすのか、学習したことをもとに考えさせることが重要です。

資料について

①前単元同様、教科書の使用が有効です。ただし、**固有名詞には注意**してください。

②他単元同様、Yahoo! や Google 等の画像検索も有効です。「分別」「ごみ　ポスター」等と子どもが実際にイメージしやすくなるような**画像**を示すとよいでしょう。

③社会科見学が可能なら、インパクトが強烈であるため、有効な導入になることから、学習前の見学も有効です。ごみピットの規模や、クレーンの大きさには大人も驚きます。

単元計画

	学習内容	主な準備物	解答例やポイント
①	日常生活の確認	市の配布物	日常の「当たり前」を言葉にしましょう。
②	学習問題づくり	特になし	❷ 実はあまり知らないことに気付かせたいです。
③	清掃工場を調べる	教科書	❶ 教科書がうまくまとめられています。
④	灰の処理を調べる	教科書	❶ 灰、❷❸教科書が有効です。
⑤	ごみの再利用を調べる	教科書	❶ 分別・原料・減らす
⑥	ごみの問題を調べる	市の HP 等	❶ 減らす・リユース・リサイクル
⑦	ごみ減量の工夫を調べる	市の HP 等	自分にできることに気付かせることが重要です。
⑧	まとめる	これまでのシート	❶ 意欲のある子には、複数選択させるのも可。
⑨	ごみを減らす理由を考える	これまでのシート	❶ 理由は、学習してきた内容を踏まえていることが重要です。 ・最終処分場が使えなくなってしまうから。 ・ごみを処理してくれる人がたいへんだから。 ・ごみの処理に多くのお金が必要だから。等

学習問題をつかむ―1

年　　組　名前（　　　　　　　　　　　　　　　）

家では、ごみをどのように出し、出されたごみは、どのようにしゅう集されるのでしょうか。

❶ 言葉のかくにんをしましょう。

分別……ごみを種類ごとに分けて出すことです。リサイクルや、ごみのげん量を進めるための第一歩です。

❷ みなさんの家では、どのように分別していますか。ごみの種類を書きましょう。

（　　　　　　　　）（　　　　　　　　）（　　　　　　　　）
（　　　　　　　　）（　　　　　　　　）（　　　　　　　　）
（　　　　　　　　）（　　　　　　　　）（　　　　　　　　）

❸ 自分が住む市町村の、「ごみカレンダー」やホームページなどを見て答えましょう。

①分別する種類数

（　　　　　　　種類）

②回しゅうが一番多いごみの種類と、その回数

（　　　　　）（　　に　　回）

③回しゅうが少ないごみと、その回数

（　　　　　）（　　に　　回）

④大事だと考えるごみ出しのルール

＿＿＿＿＿＿＿＿＿＿＿＿＿＿＿＿＿＿＿
･･･
･･･
･･･
･･･

❹ ごみのしょりについて、「なるほど」と思ったことや、もっと調べて知りたいことを書きましょう。

＿＿＿＿＿＿＿＿＿＿＿＿＿＿＿＿＿＿＿＿＿＿＿＿＿＿＿＿＿＿＿＿＿＿
･･･
･･･
･･･

学習問題をつかむ—2

年　　組　名前（　　　　　　　　　　　）

ごみのゆくえを考えることを通して、学習問題を
つくりましょう。

❶ しげんとなるものを分別してもらう目印になるために、リサイクルマークがあります。
教科書やインターネットなどを使って、写しましょう。

❷ 家庭から出されたごみは、どうなるでしょうか。矢印を使って、予想してみましょう。

❸ もっと調べたいことをもとに、学習問題をつくりましょう。

> 　分別して出され、しゅう集されたごみは、どのようにしてしょりされるので
> しょうか。

❹ 上の学習問題の答えを予想して、書きましょう。

せいそう工場を調べる

年　組　名前（　　　　　　　　　　　　）

せいそう工場では、ごみをどのようにもやしているのでしょうか。

❶ せいそう工場で、もえるごみがしょりされるしくみについて、矢印を使って続きを書きましょう。

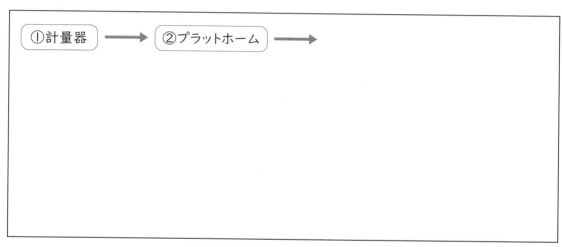

❷ せいそう工場で見学したいことを書きましょう。

❸ せいそう工場で質問したいことを書き、どのように質問するか練習しましょう。

❹ 今日の学習で学んだことを書きましょう。

もやした後のくふうを調べる

年　　組　名前（　　　　　　　　　　　　　　　）

 ごみをもやした後のくふうには、どのようなものが あるでしょうか。

❶ 言葉のかくにんをしましょう。

しょぶん場……ごみをもやした後に残った（　　　　　　　）などは、しょぶん場にうめられます。
　　　　　　　　しかし、しょぶん場をつくることができる場所や広さには、かぎりがあります。

❷ 教科書を見て、ごみをもやした後のくふうには、どのようなものがあるか、はいと熱^{（ねっ）}
に分けて調べて書きましょう。

	はい	熱
く ふ う		

❸ 自分が住む市町村では、はいや熱はどのようにされているか、調べてみましょう。

	はい	熱
く ふ う		

❹ ごみをへらすことは、どうして大切なのか、今日の学習をもとに考えて書きましょう。

❺ 今日の学習で学んだことを書きましょう。

ごみの再利用を調べる

年　組　名前（　　　　　　　　　　　　　　　）

しげん物やそ大ごみは、どのように再利用されて
いるのでしょうか。

❶ 言葉のかくにんをしましょう。

リサイクル……（　　　　　　　）して出されたごみは、つくり直したり、（　　　　　　　　　）
にもどしたりして、ふたたび使えるようにすることもできます。ごみを
（　　　　　　　）ことになるだけでなく、大切なしげんを節約することにも
つながります。

❷ リサイクルマークがついた物は、どのようにリサイクルされるのでしょうか。教科書や
インターネットなどで調べて、矢印を使って書きましょう。

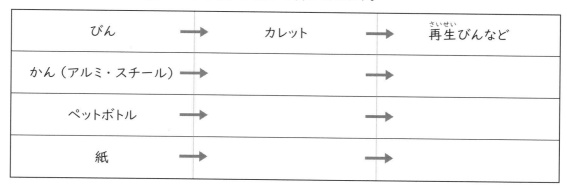

びん	➡	カレット	➡	再生びんなど	
かん（アルミ・スチール）	➡		➡		
ペットボトル	➡		➡		
紙	➡		➡		

❸ そ大ごみのうち、まだ使えるものはリサイクル品といって、リサイクルショップやフリー
マーケットなどで買うことができます。みなさんの家の近くに、リサイクルショップはあ
るか、フリーマーケットはやっているかなどを調べ、そのじょうほうを書きましょう。

❹ 今日の学習で学んだことを書きましょう。

ごみしょりがかかえる問題を調べる

年　　組　名前（　　　　　　　　　　　　　　　　）

ごみしょりがかかえる問題を、市町村はどのように
かいけつしようとしているのでしょうか。

❶ 言葉のかくにんをしましょう。

3 R（スリーアール）……ごみになるものを（　　　　　　　　　）リデュース、くり返し使えるものを使う
（　　　　　　　　　　）、ふたたび使えるようにする（　　　　　　　　　）の3つ
を合わせて3Rといわれています。

❷ 次のような問題を、市町村はどのようにかいけつしたり、かいけつしようとしたりして
いるでしょうか。調べたり、考えたりして、書きましょう。

①もやしたけむりで有毒（ゆうどく）なガスが出る問題	②ごみがふえる問題
③ごみの分別（ぶんべつ）に協力（きょうりょく）しない人がいる問題	④しょりしにくいごみがふえている問題
⑤ごみしょりにかかるお金がふえている問題	⑥新しいうめ立て地を さがさなければならない問題

❸ 今日の学習で学んだことを書きましょう。

ごみしょりのくふうを調べる

年　　組　名前（　　　　　　　　　　　　　）

ごみをへらすために、わたしたちのまわりでは、
どのような取り組みが行われているのでしょうか。

❶ ごみをへらすために、どのような取り組みが行われていますか。下の4つに分けて、
調べましょう。

①家庭での取り組み	②学校での取り組み
③お店での取り組み	④地いきでの取り組み

❷ ごみをへらすために、家に帰って家族に伝えた方がよいと考えることを書きましょう。

❸ ごみをへらすために、自分の学級で取り入れた方がよいと考えることを書きましょう。

❹ 今日の学習で学んだことを書きましょう。

まとめる

年　　組　名前（　　　　　　　　　　）

ごみのしょりについてわかったことや考えたことを
まとめ、発表してみましょう。

❶ これまで大きく、①もえるごみのしょり、②しげん物やそ大ごみの再利用、③もやした後のくふう、④ごみしょりの問題、について学んできました。①〜④から自分で選んで、学んだことをまとめましょう。

選んだ番号　（　　　　　）

❷ 友達に聞いてもらって、コメントや感想を書いてもらいましょう。

名前	コメント

❸ ❷の、友達からのコメントや感想について考えたことを書きましょう。

❹ 「ごみのしょりと利用」にかかわって、もっと考えたいことを書きましょう。

学びをいかす

年　　組　名前（　　　　　　　　　　　　）

 ごみをへらすために、自分たちにできることを考えてみましょう。

❶ ごみをへらすことは、どうして大切なのだと考えますか。ごみの学習で学んだ言葉を使って書きましょう。

_____

....

....

❷ ごみをへらすには、小学生である自分たちにもできることがあります。どのようなことができるか考え、理由もあわせて書きましょう。

ごみをへらす行動	理由

❸ 友達の考えを聞いて、「いいな」「自分もやってみたいな」と思った行動を書きましょう。

_____

....

....

❹ 「ごみのしょりと利用」の学習で、学んだことを書きましょう。

_____

....

....

35

4 自然災害からくらしを守る

9時間計画

子どもページ
QRコード

本単元のポイント

①いつ起こるかわからない自然災害への備えを考え、行動できることがポイントです。

②「学んだことが世の中とつながっている」と気付かせることに適した単元です。

③4年の自然災害単元は、5年のそれとは違い、県の働きをおさえることが重要です。

資料について

①この単元は、過去に自分が住む都道府県で発生した自然災害を事例に、**県の働き**を学ぶため、都道府県ごとの**副読本**が有効な資料となるでしょう。

②副読本を使用しない場合は、都道府県庁の防災対策課（「防災統括室」等、名称が異なることがある）の**ホームページ**が有効な資料となるでしょう。

③自主防災組織や消防団等に入っている人や、防災士の資格を持っている人をゲストに呼べると効果的です。

単元計画

	学習内容	主な準備物	解答例やポイント
①	過去の自然災害	特になし	❷ 不明であることに気付かせましょう。
②	学習問題づくり	副読本等	❹ 宿題に出してください。
③	家庭の備えを調べる	前時の宿題	❺ 宿題に出してください。
④	学校や通学路の備えを調べる	前時の宿題	❹ 発生の前と後の両方に対応している点が共通し、規模は異なっています。
⑤	市の取り組みを調べる	副読本	さらに規模が大きくなっています。
⑥	ハザードマップや地域との協力を調べる	ハザードマップ	❹ 多くの人に見てもらって、早く、安全に避難してもらうこと、等。
⑦	共助を調べる	教科書も有効	❹ 市はすぐには動けないから、等。
⑧	学習問題の解決	これまでのシート	❶ 縦軸の空欄に記入する例は、「大事なこと」「規模（大きさ）」「速さ」「役割」等が考えられます。
⑨	シミュレーション	特になし	いろいろな価値観に触れることがポイントです。
⑩	事例を変えて考える	特になし	❷ 発生年や、人的・物的被害、等。

学習のめあて

年　　組　名前（　　　　　　　　　　　　　　　　　）

わたしたちが住んでいる県では、どのような自然災害（しぜんさいがい）が起きてきたのでしょうか。

❶ 副読本（ふくどくほん）などを見て、わたしたちが住んでいる都道府県（とどうふけん）で起きた主な自然災害（例（れい）：地震（じしん）や水害（すいがい）など）を調べ、年代順にならべましょう。

年	自然災害

❷ あなたが考える、次に発生しそうな自然災害と、それは何年後かを書きましょう。また、理由も書きましょう。

次に発生しそうな自然災害

（　　　　　　　　　　　　　　　　　　　　）（　　　　　　　　　　年後）

理由

❸ 今日の学習で学んだことを書きましょう。

学習問題をつかむ

年　　組　名前（　　　　　　　　　　　　　）

（自然災害（しぜんさいがい）　　　　　　　　　　　　）によって、
わたしたちのくらしはどのようになるのかを考え、
学習問題をつくりましょう。

❶ 自分が住む都道府県（とどうふけん）で、過去（かこ）に起きた（自然災害　　　　　　　　　　　）について、
副読本（ふくどくほん）やインターネットを使って調べて、わかったことを書きましょう。

❷ もっと調べたいことをもとに、学習問題をつくりましょう。

_____

・・

> **学習問題** （自然災害　　　　　　　　　　　　　　　）からくらしを守るために、
> だれが、どのようなことをしているのでしょうか。

❸ 上の学習問題の答えを予想して、下に書きましょう。

	だれが	どのようなことをしている
自然災害が 起きる前		
自然災害が 起きた後		

❹ 家庭で、どのようなそなえをしているか、家に帰って調べましょう。

38

家庭でのそなえを調べる

年　　組　名前（　　　　　　　　　　　　　　）

家庭では、どのような取り組みをしているのでしょうか。

❶ （自然災害_{しぜんさいがい}　　　　　　　　　　）にそなえて、どのようなことをしていたか、調べて
きたことを書きましょう。

❷ 友達_{ともだち}の発表を聞いて、「まねしたいな」と思うことを書きましょう。

❸ 友達の発表を聞いて、考えたことを書きましょう。

❹ 今日の学習で学んだことを書きましょう。

❺ 通学路では、どのようなそなえをしているか、登下校のときに調べましょう。

学校や通学路のそなえを調べる

年　　組　名前（　　　　　　　　　　　　　　　）

 学校や通学路では、どのような取り組みをしているのでしょうか。

❶ 言葉のかくにんをしましょう。

防災倉庫……地いき防災のそなえとして、（　　　　　　　　）、（　　　　　　　　）など、必要なものが保管されています。国や県、地いきが管理しています。

❷ 通学路には、（自然災害　　　　　　　　　　）にそなえて、どのような取り組みがあったか、調べてきたことを書きましょう。

＿＿＿＿＿＿＿＿＿＿＿＿＿＿＿＿＿＿＿＿＿＿＿＿＿＿＿＿＿＿＿＿＿＿＿

……………………………………………………………………………………………

……………………………………………………………………………………………

❸ 学校には、（自然災害　　　　　　　　　）にそなえて、どのような取り組みがあったか、調べて書きましょう。

＿＿＿＿＿＿＿＿＿＿＿＿＿＿＿＿＿＿＿＿＿＿＿＿＿＿＿＿＿＿＿＿＿＿＿

……………………………………………………………………………………………

……………………………………………………………………………………………

……………………………………………………………………………………………

……………………………………………………………………………………………

❹ 家庭の取り組みと、通学路や学校の取り組みをくらべて、気づいたことを書きましょう。

＿＿＿＿＿＿＿＿＿＿＿＿＿＿＿＿＿＿＿＿＿＿＿＿＿＿＿＿＿＿＿＿＿＿＿

……………………………………………………………………………………………

❺ 今日の学習で学んだことを書きましょう。

＿＿＿＿＿＿＿＿＿＿＿＿＿＿＿＿＿＿＿＿＿＿＿＿＿＿＿＿＿＿＿＿＿＿＿

……………………………………………………………………………………………

市の取り組みを調べる

年　　組　名前（　　　　　　　　　　　　）

市役所では、どのような取り組みをしているのでしょうか。

❶ 市役所が、（<ruby>自然災害<rt>し ぜん さい がい</rt></ruby>　　　　　　　　　）にそなえる取り組みを調べましょう。
自然災害が「起きる前」と「起きた後」に分けて整理しましょう。

自然災害が起きる前

自然災害が起きた後

❷ 今日の学習で学んだことを書きましょう。

41

自然災害からくらしを守る 6

市と市民の協力を調べる

年　　組　名前（　　　　　　　　　　　　　）

市と市民は、どのような取り組みをしているのでしょうか。

❶ 言葉のかくにんをしましょう。

ハザードマップ……自然災害のひがいを予想し、ひがいのおそれのある地いきや、ひなんに関するじょうほうをのせた地図のことです。

❷ インターネットで自分の住む地いきのハザードマップを見て、答えましょう。

自分がひがいにあいそうな自然災害（　　　　　　　　　　　）

学校がひがいにあいそうな自然災害（　　　　　　　　　　　）

（　　　　　　　　　　　）がひがいにあいそうな自然災害（　　　　　　　　　　　）

❸ ハザードマップを見て、考えたことや思ったことを書きましょう。

❹ 市は市民に、ハザードマップをどのように活用してもらいたいと考えているでしょう。

❺ 今日の学習で学んだことを書きましょう。

住民同士の協力を調べる

年　　組　名前（　　　　　　　　　　　　　）

 住民同士では、どのような取り組みをしているのでしょうか。

❶ 言葉のかくにんをしましょう。
自主防災組織……地いきで災害にそなえてつくられている組織で、市町村によってよばれ方がことなります。自主防災組織のない地いきでは、消防団などと協力しています。

❷ 3年生で学んだ消防の学習で、消防団の人たちはどのような特ちょうがありましたか。思い出して、書きましょう。

＿＿＿＿＿＿＿＿＿＿＿＿＿＿＿＿＿＿＿＿＿＿＿＿＿＿＿＿＿＿＿＿＿＿＿＿＿＿

＿＿＿＿＿＿＿＿＿＿＿＿＿＿＿＿＿＿＿＿＿＿＿＿＿＿＿＿＿＿＿＿＿＿＿＿＿＿

＿＿＿＿＿＿＿＿＿＿＿＿＿＿＿＿＿＿＿＿＿＿＿＿＿＿＿＿＿＿＿＿＿＿＿＿＿＿

❸ 自主防災組織の人たちは、どのような活動をしていますか。まとめてみましょう。

＿＿＿＿＿＿＿＿＿＿＿＿＿＿＿＿＿＿＿＿＿＿＿＿＿＿＿＿＿＿＿＿＿＿＿＿＿＿

＿＿＿＿＿＿＿＿＿＿＿＿＿＿＿＿＿＿＿＿＿＿＿＿＿＿＿＿＿＿＿＿＿＿＿＿＿＿

＿＿＿＿＿＿＿＿＿＿＿＿＿＿＿＿＿＿＿＿＿＿＿＿＿＿＿＿＿＿＿＿＿＿＿＿＿＿

＿＿＿＿＿＿＿＿＿＿＿＿＿＿＿＿＿＿＿＿＿＿＿＿＿＿＿＿＿＿＿＿＿＿＿＿＿＿

❹ 自主防災組織がどうして必要なのか、考えて書きましょう。

＿＿＿＿＿＿＿＿＿＿＿＿＿＿＿＿＿＿＿＿＿＿＿＿＿＿＿＿＿＿＿＿＿＿＿＿＿＿

＿＿＿＿＿＿＿＿＿＿＿＿＿＿＿＿＿＿＿＿＿＿＿＿＿＿＿＿＿＿＿＿＿＿＿＿＿＿

＿＿＿＿＿＿＿＿＿＿＿＿＿＿＿＿＿＿＿＿＿＿＿＿＿＿＿＿＿＿＿＿＿＿＿＿＿＿

❺ 今日の学習で学んだことを書きましょう。

＿＿＿＿＿＿＿＿＿＿＿＿＿＿＿＿＿＿＿＿＿＿＿＿＿＿＿＿＿＿＿＿＿＿＿＿＿＿

＿＿＿＿＿＿＿＿＿＿＿＿＿＿＿＿＿＿＿＿＿＿＿＿＿＿＿＿＿＿＿＿＿＿＿＿＿＿

自然災害からくらしを守る 8

まとめる

年　　組　名前（　　　　　　　　　　　　　）

自然災害（しぜんさいがい）からくらしを守るための、自助（じじょ）・共助（きょうじょ）・公助（こうじょ）についてまとめましょう。

学習問題
（自然災害　　　　　　　　　　　　　　　　）からくらしを守るために、だれがどのようなことをしているのでしょうか。

❶ 学習問題について考えたことを、自助・共助・公助に分けてまとめましょう。

	自助	共助	公助
具体的な活動（ぐたいてき）			
とくい			
苦手			

❷ 友達（ともだち）のまとめを見て気づいたことや、今日の学習で学んだことを書きましょう。

_____

44

学びをいかす

年　組　名前（　　　　　　　　　　　　　）

ひなん所シミュレーションゲームを通して、いろいろな考えにふれてみましょう。

❶ あなたは、ひなん所のしょく員です。ひなん所になっている体育館には300人います。200人分のおべんとうがとどきました。このおべんとうをすぐに配りますか？　自分の考えと近い方に〇をつけ、理由も書きましょう。

（ はい・いいえ ） 理由

....

....

❷ 小学校の体育館にひなんしなければなりません。家族同然（どうぜん）の、犬やねこなどのペットを連れて行きますか？　自分の考えと近い方に〇をつけ、理由も書きましょう。

（ はい・いいえ ） 理由

....

....

❸ 家の人は仕事に出ていて、家には自分一人しかいません。そのときに大きな地震（じしん）が起きました。外ににげますか。それとも、家で待ちますか？　自分の考えと近い方に〇をつけ、理由も書きましょう。

（ 外ににげる・家で待つ ） 理由

....

....

❹ 友達（ともだち）の考えにふれて気づいたことや、今日の学習で学んだことを書きましょう。

....

....

....

学びをひろげる

年　　組　名前（　　　　　　　　　　　　　）

 他の自然災害からくらしを守るために、
自分にできる行動を考えましょう。

❶ 主な自然災害には、次の5つがあります。これらの中から、あなたが住む県の人が、
ひがいにあうかもしれないものに〇をつけましょう。

> 地震災害　つなみ災害　風水害　火山災害　雪害　その他（　　　　　　　　　　　）

❷ ❶で〇をつけた自然災害について、自分が住む県ではどのようなひがいがあったか、
調べてみましょう。

....

....

....

....

❸ ❶で〇をつけた自然災害について、小学生の自分にできるくらしを守る行動には、
どのようなものがありますか。また、自然災害にまつわる言い伝えなどについても考
えてみましょう。

....

....

....

....

❹ 「自然災害からくらしを守る」の学習で、学んだことを書きましょう。

....

....

....

残したいもの・伝えたいもの

10時間計画

子どもページ
QRコード

本単元のポイント

①薄っぺらい言葉だけでなく、残したい、伝えたい思いに触れさせることがポイントです。

②「身近なものには、人々の願いがこめられている」と気付かせることに適した単元です。

③残したり伝えたりするために、子どもが自分にできることを考えることが重要です。

資料について

①この単元は、自分が住む都道府県を扱うため、**副読本が有効**ではありますが、**各事象のHP**も有効な資料になります。

②上でHPとお伝えしましたが、最も有効な資料は、当事者である**ゲスト**に語っていただくことです。なぜなら、その人の思いや願いに**直接触れる**ことができるからです。

③子どもが教師に忖度して「伝えたい」「残ってほしい」という他人事で言うのではなく、「伝えるのは自分だ」などと、「自分事」として捉えられる資料を探してほしいと思います。

単元計画

	学習内容	主な準備物	解答例やポイント
①	身の回りのもの	写真等	今後、建物・芸能・祭りに焦点化します。
②	学習問題づくり	副読本等	教材化する建物・芸能・祭りを紹介してください。
③	建物を調べる1	資料	子どもに、学びたいと思わせることが大切です。
④	建物を調べる2	資料	ゲストに語ってもらうと有効です。
⑤	芸能を調べる1	資料	子どもに、学びたいと思わせることが大切です。
⑥	芸能を調べる2	資料	ゲストに語ってもらうと有効です。
⑦	祭りを調べる1	資料	子どもに、学びたいと思わせることが大切です。
⑧	祭りを調べる2	資料	ゲストに語ってもらうと有効です。
⑨	学習問題の解決	これまでのシート	❶ 上段には、事象に合う年数（〇年前等）を入れてください。
⑩	残していくための行動を考える	これまでのシート	この時間で「残すために自分にもできることがある」と「自分事」になるように、これまでの学習を進めてくることが重要です。

学習のめあて

年　　組　名前（　　　　　　　　　　　　　　　）

 わたしたちの身の回りには、どのような古いものが あるでしょうか。

❶ 教科書も参考に、自分たちが住む県内に残る、古いものを書きましょう。また、その 「もの」や「こと」について、知っていることも書き、友達と見合いましょう。

古いもの・こと	知っていること

めあて 県内には、どのような古いものが残されているでしょうか。また、きょう 土のはってんにつくした人々は、どのようなことをしたのでしょうか。

❷ 残したいもの・伝えたいもの（こと）について、もっと調べて、知りたいことを書きましょう。

学習問題をつかむ

年　　組　名前（　　　　　　　　　　　）

 県内にある古くから残（のこ）っているものを出し合って、学習問題をつくりましょう。

❶ 県内に古くから残る、建物（たてもの）・芸（げい）のう・祭りには、何があるかを書きましょう。

	残っているもの
古くから残る 建物	
古くから残る 芸のう	
古くから残る 祭り	

❷ もっと調べたいことをもとに、学習問題をつくりましょう。

学習
問題　県内にある古くから残るものには、どのような願（ねが）いがこめられ、どのように受けつがれてきたのでしょうか。

❸ 上の学習問題の答えを予想して、書きましょう。

残したいもの・伝えたいもの 3
建物を調べる―1

年　組　名前（　　　　　　　　　）

 古くから残る建物について調べましょう。

❶ 言葉のかくにんをしましょう。

文化財……人々が大切に伝えてきたもの。世界遺産や、国宝、重要文化財などもふくまれます。

❷ （建物　　　　　　　　　）について調べ、「他の人にしょうかいしたい」と思ったことを書きましょう。

_____

....

....

....

....

❸ （建物　　　　　　　　　）について調べましょう。

_____

いつ、何のために
つくられたか…

....

....

見どころ…

....

....

❹ 今日の学習で学んだことを書きましょう。

_____

....

....

建物を調べる―2

古くから残る建物は、どのように守られてきたの
でしょうか。

❶ 古くから残る建物にこめられた願いについて、まとめましょう。地図をかいてもいい
ですね。

❷ 古くから残る建物は、どのように残されてきたかについて、まとめましょう。

❸ 今日の学習で学んだことを書きましょう。

残したいもの・伝えたいもの **5**

芸のうを調べる―1

年　組　名前（　　　　　　　　　　　　　）

古くから伝わる芸のうについて調べましょう。

❶ 言葉のかくにんをしましょう。

きょう土芸のう……歌やおどりの一つ一つに意味があり、受けついできた人たちの思いや願いがこめられています。

❷ （芸のう　　　　　　　　）について調べ、「他の人にしょうかいしたい」と思ったことを書きましょう。

_____

....

....

....

....

❸ （芸のう　　　　　　　　）について調べましょう。

_____

いつごろに始まり、どんな
人たちが参加しているか…

....

....

　見どころ…

....

....

❹ 今日の学習で学んだことを書きましょう。

....

....

....

芸のうを調べる ―2

年　組　名前（　　　　　　　　　　）

 古くから伝わる芸のうは、どのように受けつがれてきたのでしょうか。

❶ 古くから伝わる芸のうにこめられた願いについてまとめましょう。地図をかいてもいいですね。

❷ 古くから伝わる芸のうは、どのように残されてきたかについて、まとめましょう。

❸ 今日の学習で学んだことを書きましょう。

祭りを調べる ―1

年　組　名前（　　　　　　　　　　　　　）

 **古くから続く祭りについて調べましょう。**

❶ 言葉のかくにんをしましょう。

祭り……祭りを通して、人々は元気になり、おたがいの結びつきが強まります。

❷ （祭り　　　　　　　　　　　　）について調べ、「他の人にしょうかいしたい」と思ったことを書きましょう。

_____

....

....

....

....

❸ （祭り　　　　　　　　　　　）について調べましょう。

いつ、何のために
始められたか…
....

....

見どころ…

....

....

❹ 今日の学習で学んだことを書きましょう。

_____

....

....

54

祭りを調べる ─2

年　　組　名前（　　　　　　　　　　　　）

昔から続く祭りには、どのような願いがこめられているのでしょうか。

❶ 昔から続く祭りにこめられた願いについて、まとめましょう。地図をかいてもいいですね。

❷ 昔から続く祭りは、どのように残されてきたかについて、まとめましょう。

❸ 今日の学習で学んだことを書きましょう。

まとめる

年　　組　名前（　　　　　　　　　　）

県内にある古くから残(のこ)るものについて、
年表にまとめてみましょう。

❶ 学習問題をふり返り、その答えにあたることを、年表にまとめましょう。

建物(たてもの)	
芸(げい)のう	
祭り	

❷ 友達(ともだち)に聞いてもらって、コメントや感想を書いてもらいましょう。

名前	コメント

❸ 今日の学習で学んだことを書きましょう。

56

学びをいかす

年　　組　名前（　　　　　　　　　　　）

 地いきに古くから残る<ruby>残<rt>のこ</rt></ruby>るものを受けつぐために、
自分たちにできることを考えてみましょう。

❶ これまで学んできた
（ 建物<ruby><rt>たてもの</rt></ruby>　　　　　　　　　　　）（ 芸のう<ruby><rt>げい</rt></ruby>　　　　　　　　　　　　）
（ 祭り　　　　　　　　　　　　　）について、この後も残っていくと思いますか。
自分の考えと近い方に○をつけ、理由も書きましょう。

（残っていく・残らない）理由

ーーーーーーーーーーーーーーーーーーーーーーーーーーーーーーーーーーーー

ーーーーーーーーーーーーーーーーーーーーーーーーーーーーーーーーーーーー

ーーーーーーーーーーーーーーーーーーーーーーーーーーーーーーーーーーーー

❷ だれが、どうすれば、残していくことができるでしょうか。

ーーーーーーーーーーーーーーーーーーーーーーーーーーーーーーーーーーーー

ーーーーーーーーーーーーーーーーーーーーーーーーーーーーーーーーーーーー

ーーーーーーーーーーーーーーーーーーーーーーーーーーーーーーーーーーーー

❸ あなたにもできる、残していくための行動を考えて、書きましょう。

ーーーーーーーーーーーーーーーーーーーーーーーーーーーーーーーーーーーー

ーーーーーーーーーーーーーーーーーーーーーーーーーーーーーーーーーーーー

❹ 「残したいもの・伝えたいもの<ruby>伝<rt>つた</rt></ruby>」の学習で、学んだことを書きましょう。

ーーーーーーーーーーーーーーーーーーーーーーーーーーーーーーーーーーーー

ーーーーーーーーーーーーーーーーーーーーーーーーーーーーーーーーーーーー

6 先人の働き

子どもページ
QRコード

本単元のポイント

①先人の努力によって、問題が解決されてきたことに気付かせることがポイントです。

②現在の当たり前が、過去は当たり前でなかったことに気付かせることに適した単元です。

③単元の終末の年表へのまとめは、年代順に記させることが重要です。

資料について

①この単元は、自分の住む都道府県の先人について学習する単元であるため、教科書ではなく、**副読本が有効**な資料になります。

②副読本にはない人物を取り上げる場合は、学習指導要領には「開発，教育，医療，文化，産業などの面で地域の発展や技術の開発に尽くした先人の具体的事例の中から一つを選択して取り上げること」と、記されていますので、参考にしてください。

③**市町村史**や、**地域の博物館**が、有力な資料になります。

単元計画

	学習内容	主な準備物	解答例やポイント
①	学習問題づくり	副読本等	今となっては「当たり前」になっているものの、以前は問題であったことを意識化させましょう。
②	先人のことを調べる	副読本等	シートに沿って、必要な情報を得させましょう。
③	問題の解決方法を調べる	副読本等	先人が努力や苦労をして、問題を克服したことに焦点化させましょう。
④	人々のくらしの変化を調べる	副読本等	先人の努力によって、人々のくらしがよくなったことに焦点化させましょう。
⑤	現在とのつながりを調べる	副読本等	復習しながら、現在とのつながりを考えさせてください。
⑥	まとめる	これまでのシート	❶ 年表は、年代順に書くことが重要です。
⑦	ほかの人物を調べる	ＨＰ等	単元の学び方を、他事例に転用させてください。

先人の働き **1**

学習問題をつかむ

年　　組　名前（　　　　　　　　　　　　　）

わたしたちが住んでいる都道府県は昔、どのような
問題があったのでしょう。

❶ 昔にどのような問題があったか、副読本などを見て調べ、絵やイラスト、言葉を使っ
てかきましょう。

❷ 問題があったころのことについて、副読本などを見て調べて書きましょう。

　　①いつごろですか。　　　　　　　　②中心となってかいけつに取り組んだのは、だれですか。

　　（　　　　　　　　　　　）（　　　　　　　　　　　　　　　）

❸ もっと調べたいことをもとに、学習問題をつくりましょう。

学習
問題　（人物　　　　　　　　　） はどのようにして、

　　　（問題　　　　　　　　　　　　　） をかいけつしたのでしょうか。

❹ 上の学習問題の予想をしましょう。

59

先人の働き 2

先人のことを調べる

年　　組　名前（　　　　　　　　　　　　　　）

（人物　　　　　　　　　　　　）のことを調べましょう。

❶（人物　　　　　　　　　　　）が生まれた年を調べましょう。

①生まれた年　　　　　　　　　　　②今から何年前か。

（　　　　　　　　　　年　）　（　　　　　　　　　　年前　）

❷（人物　　　　　　　　　　　）がなくなった年を調べましょう。

①なくなった年　　　　　　　　　　②なくなったのは何才か。

（　　　　　　　　　　年　）　（　　　　　　　　　　才　）

❸ 問題をかいけつするために取り組んだ期間について調べましょう。

①何年から取り組み始めましたか。　②何年間取り組みましたか。

（　　　　　　　　　　年　）　（　　　　　　　　　　年間　）

❹ 問題をかいけつするために、たいへんだったことは何か、調べて書きましょう。

⟶

⋯⋯⋯⋯⋯⋯⋯⋯⋯⋯⋯⋯⋯⋯⋯⋯⋯⋯⋯⋯⋯⋯⋯⋯⋯⋯⋯⋯⋯⋯⋯⋯⋯⋯⋯⋯⋯⋯

⋯⋯⋯⋯⋯⋯⋯⋯⋯⋯⋯⋯⋯⋯⋯⋯⋯⋯⋯⋯⋯⋯⋯⋯⋯⋯⋯⋯⋯⋯⋯⋯⋯⋯⋯⋯⋯⋯

⋯⋯⋯⋯⋯⋯⋯⋯⋯⋯⋯⋯⋯⋯⋯⋯⋯⋯⋯⋯⋯⋯⋯⋯⋯⋯⋯⋯⋯⋯⋯⋯⋯⋯⋯⋯⋯⋯

⋯⋯⋯⋯⋯⋯⋯⋯⋯⋯⋯⋯⋯⋯⋯⋯⋯⋯⋯⋯⋯⋯⋯⋯⋯⋯⋯⋯⋯⋯⋯⋯⋯⋯⋯⋯⋯⋯

❺ 今日の学習で学んだことを書きましょう。

⟶

⋯⋯⋯⋯⋯⋯⋯⋯⋯⋯⋯⋯⋯⋯⋯⋯⋯⋯⋯⋯⋯⋯⋯⋯⋯⋯⋯⋯⋯⋯⋯⋯⋯⋯⋯⋯⋯⋯

⋯⋯⋯⋯⋯⋯⋯⋯⋯⋯⋯⋯⋯⋯⋯⋯⋯⋯⋯⋯⋯⋯⋯⋯⋯⋯⋯⋯⋯⋯⋯⋯⋯⋯⋯⋯⋯⋯

問題のかいけつ方法を調べる

年　　組　名前（　　　　　　　　　　　　　）

（人物　　　　　　　　　　）は、どのように問題を
かいけつしたのか調べましょう。

❶ 問題をかいけつするために、たいへんだったことは何か、一言で書きましょう。

❷（人物　　　　　　　　　）はどのように問題をかいけつしたのか、副読本などで
調べ、絵やイラスト、言葉を使ってかきましょう。

❸ 今日の学習で学んだことを書きましょう。

先人の働き 4

かいけつした後の人々のくらしを調べる

年　　組　名前（　　　　　　　　　　　）

問題がかいけつされた後、人々のくらしは
どのように変わったのでしょうか。

❶（人物　　　　　　　　　）は、どのように問題をかいけつしたか、一言で書きましょう。

❷ 問題がかいけつされた後、人々のくらしはどのように変わったか、副読本などで調べ、
絵やイラスト、言葉を使って書きましょう。

❸ 今日の学習で学んだことを書きましょう。

今とのつながりを調べる

年　組　名前（　　　　　　　　　　　　　）

（人物　　　　　　　　　　　）がかいけつした問題は、今はどうなっているのでしょうか。

❶ 自分が住む都道府県には、どのような問題があったか、書きましょう。

　　　　　　　　　　　　　　　　　　　　　　　　　　　　　

❷（人物　　　　　　　）は、どのように問題をかいけつしたか、書きましょう。

　　　　　　　　　　　　　　　　　　　　　　　　　　　　　

❸ かいけつしたことで、どのような世の中になったか、書きましょう。

　　　　　　　　　　　　　　　　　　　　　　　　　　　　　

❹（人物　　　　　　　）がしたことは、今にどのように残っているか、調べたり、考えたりして書きましょう。絵やイラストにしてもいいですね。

❺ 今日の学習で学んだことを書きましょう。

先人の働き 6

まとめる

年　　組　名前（　　　　　　　　　　　）

関係図をつくり、先人の働き、人々の働きに
ついてまとめましょう。

学習
問題　（人物　　　　　　　　　）はどのように問題をかいけつしたのか調べましょう。

❶ これまで学んだ言葉を使って、主な（人物　　　　　　　　　）の主な働きや、その後
について、年表を使ってまとめましょう。

❷ （人物　　　　　　　　）について、あなたが一番「すごい」と思ったことを書きましょう。

＿＿

＿＿

❸ 友達と書いたことをくらべて、思ったことを書きましょう。

＿＿

＿＿

❹ 今日の学習で学んだことを書きましょう。

＿＿

＿＿

学びをひろげる

年　　組　名前（　　　　　　　　　　　　　　）

（人物　　　　　　　　　　　　　）のほかにも、
自分が住む都道府県のはってんに力をつくした人物に
ついて調べましょう。

❶ 自分が住む都道府県のはってんに力をつくした、これまでとは別の人物について調べましょう。

①人物の名前
（　　　　　　　　　　　　　　　）

②生まれた年
（　　　　　　　　　　　　年）

③なくなった年
（　　　　　　　　　　　年）

④その人物が問題のかいけつに取り組んだ期間
（　　　　　　　　　　　年間）

❷ その人物は、どんな問題をかいけつしようとしたか、調べて書きましょう。

❸ その問題をかいけつするために、どのような努力をしましたか。

❹ その問題をかいけつしたことで、どのような世の中になりましたか。

❺ 今日の学習で学んだことを書きましょう。

65

7 特色ある地いきと人々のくらし

22時間計画

子どもページ
QRコード

①県内の市町村のまちづくりを学び、自分の市町村と比較することがポイントです。

②「まちづくりには個性や理由がある」と気付かせることに適した単元です。

③「遠い地方の話」ではなく、自分の生活とつながっていると気付かせることが重要です。

資料について

①この単元は、テーマに沿って、必要な情報を収集する必要があります。そのため、単にまちづくりを調べるのではなく、「伝統的」「国際交流」などと、**テーマを意識**させたうえで、HP等閲覧させることが重要です。

②この単元も、ゲストの思いや願いに直接触れさせられることが望ましいです。

③ワークシートの同じページを複数回にわたって使用してもいいかもしれません。

単元計画

	学習内容	主な準備物	解答例やポイント
①	身の回りのもの	写真等	❸3は、⑧以降、どれか1つを選択します。
②	伝統的なまちづくり1	資料・写真等	先生が、事例地をお決めください。
③	伝統的なまちづくり2	資料	❶「→」を使わせてください。
④	伝統的なまちづくり3	資料	❷は未来志向となるようにしてください。
⑤	国際交流1	資料・写真等	先生が、事例地をお決めください。
⑥	国際交流2	資料	まちにある、英語等の表示も有効です。
⑦	国際交流3	資料	「市民だより」等も有効です。
⑧	選択1	資料・写真等	子どもに選択させてください。
⑨	選択2	資料	これまでの学び方で、学ばせてみてください。
⑩	選択3	資料	これまでの学び方で、学ばせてみてください。
⑪	自分の市町村と比較	これまでのシート	自分が住む市町村と比較することで、特色が際立つと考えます。
⑫	市町村のよさをPR	これまでのシート	イラストも有効です。また、児童の考えを尊重していただきたいと考えます。

県の特色をつかむ

年　　組　名前（　　　　　　　　　　　　　）

わたしたちが住む県には、どのような特色をもった
地いきがあるのでしょうか。

❶ 下の表にそって、自分が住む県にある地いきにはどんなものがあるか、知っていること
や、調べたことを書きましょう。先生に「ChatGPT」を使っていただいてもいい
ですね。また、（　　）の中には、それがある市町村を書きましょう。

	地いき	どんなもの（こと）
1	でんとうてき 伝統的なもの	（　　　　　　　　　） （　　　　　　　　　）
2	外国の人との交流	（　　　　　　　　　） （　　　　　　　　　）
	美しい景観 けいかん	（　　　　　　　　　） （　　　　　　　　　）
3	れきしある建物 たてもの	（　　　　　　　　　） （　　　　　　　　　）
	自然かんきょうを しぜん いかした産業 さんぎょう	（　　　　　　　　　） （　　　　　　　　　）

❷ 特色ある地いきと人々のくらしについて、自分たちの地いきとくらべて、もっと調べた
り、知ったりしたいことを書きましょう。

伝統的❶ つかむ

年　　組　名前（　　　　　　　　　　　　　）

写真や資料（しりょう）から、気づいたことを話し合い、
学習問題をつくりましょう。

❶（市町村　　　　　　　　　　　　）でつくられている（伝統的（てんとうてき）なもの　　　　　　　　　　　）
について、初（はじ）めて知ったことや、友達（ともだち）にしょうかいしたいことを書きましょう。

```






```

❷ もっと調べたいことをもとに、学習問題をつくりましょう。

> **学習問題**（市町村　　　　　　　　　　　）では、（伝統的（てんとうてき）なもの　　　　　　　　　）
> をどのように守り、伝（つた）えているのでしょうか。

❸ 上の学習問題の予想をしましょう。

伝統的❷ 調べる

年　　組　名前（　　　　　　　　　　　　）

（伝統的なもの　　　　　　　　　　　　　　）は、
どのようにつくられているのでしょうか。

❶ （伝統的なもの　　　　　　　　　　　　）のつくり方をまとめましょう。

❷ 上でまとめたことの中で、伝統を受けつぐためのポイントは、どんなことだと考えますか。

❸ 今日の学習で学んだことを書きましょう。

特色ある地いきと人々のくらし 4

伝統的❸ 調べる

年　　組　名前（　　　　　　　　　　　　　　　）

（伝統的なもの　　　　　　　　　　　　　　）を守り、残し、伝える
ために、どのような活動が行われているのでしょうか。

❶ 副読本やインターネットを使って、（伝統的なもの　　　　　　　　　　）を守ったり、残
したりする活動を、まとめましょう。

```



```

❷ 副読本やインターネットを使って、（伝統的なもの　　　　　　　　　　）を伝えるため
の活動を、まとめましょう。

```



```

❸ 今日の学習で学んだことを書きましょう。

特色ある地いきと人々のくらし 5

国際交流❶ つかむ

年　　組　名前（　　　　　　　　　　　　　　　）

写真や資料から、気づいたことを話し合い、
学習問題をつくりましょう。

❶ 自分が住んでいる市の、外国人住民数を調べましょう。その数は、最近はどのようになっていますか。

❷ 自分が住んでいる市と、国際交流をしている市の、外国人住民数をくらべ、気づいたことを書きましょう。

❸（国際交流をしている市町村　　　　　　　　　　　　　）で行われている国際交流について、初めて知ったことや、友達にしょうかいしたいことを書きましょう。

❹ もっと調べたいことをもとに、学習問題をつくりましょう。

> 学習問題 （国際交流をしている市町村　　　　　　　　　　）では、外国の人々とどのような
> 交流をし、共にくらすためにどのようなまちづくりをしているのでしょうか。

❺ 上の学習問題の予想をしましょう。

特色ある地いきと人々のくらし　6

国際交流❷ 調べる

年　　組　名前（　　　　　　　　　　　）

（国際交流をしている市町村<ruby>国際交流<rt>こくさい</rt></ruby>　　　　　　　　　）では、
どのような国際交流をしているのでしょうか。

❶（国際交流をしている市町村　　　　　　　　　　　）で行われている国際交流をまとめましょう。

❷ 今日の学習で学んだことを書きましょう。

72

国際交流❸ 調べる

年　　組　名前（　　　　　　　　　　　　）

市民は、共にくらすために、どのような取り組みをしているのでしょうか。

❶（国際交流をしている市町村　　　　　　　　　　　　　）で行われている国際交流に、市民
はどのように取り組んでいるか、まとめましょう。

❷ 今日の学習で学んだことを書きましょう。

(①美しい景観　②れきしある建物　③自然かんきょうをいかした産業)❶ つかむ

↑❶で選んだものに○をつけましょう。

年　　組　名前（　　　　　　　　　　　　）

写真や資料から、気づいたことを話し合い、学習問題をつくりましょう。

❶ これから、次の①〜③のどれかをいかしたまちづくりに取り組んでいる市町村を学びます。あなたが学びたいものを選んで、○をつけましょう。

①美しい景観　　②れきしある建物　　③自然かんきょうをいかした産業

❷ 上で書いたことは、どの市町村で行われていますか。

（　　　　　　　　　　　　　　　　）

❸ ❶について、初めて知ったことや、友達にしょうかいしたいことを書きましょう。

❹ もっと調べたいことをもとに、学習問題をつくりましょう。

学習問題 （市町村　　　　　　　　　　）では、（❶で選んだ番号　　　　　　　　　　）
をどのように守り、伝えているのでしょうか。

❺ 上の学習問題の予想をしましょう。

74

(①美しい
　　景観
けいかん

　②れきしある
　　建物
たてもの

　③自然かんきょうを
しぜん
　　いかした産業
さんぎょう
) ❷ 調べる

↑選んだものに
えら
　○をつけましょう。

年　　組　名前（　　　　　　　　　　　　　　）

どのようなまちづくりが行われているのでしょうか。

❶ どのようなまちづくりが行われているか、まとめましょう。

❷ 上でまとめたことの中で、（①美しい景観・②れきしある建物・③自然かんきょうを
いかした産業）についてのポイントは、どんなことだと考えますか。（　）内の①～
③の中から、自分が選んだものについて書きましょう。

❸ 今日の学習で学んだことを書きましょう。

（ ①美しい　　　②れきしある　　　③自然かんきょうを
　　景観　　　　　建物　　　　　　　いかした産業　　　）❸ 調べる

↑選んだものに
　〇をつけましょう。　　　　　　　年　　組　名前（　　　　　　　　　　　　　）

もっと調べたいことをまとめましょう。

❶ 副読本やインターネットを使って、まちづくりと、（①美しい景観・②れきしある建物・③自然かんきょうをいかした産業）について、さらにまとめましょう。（　）内の①〜③の中から、自分が選んだものについてかきましょう。

❷ 今日の学習で学んだことを書きましょう。

学びをいかす—1

年　組　名前（　　　　　　　　　　）

 自分が住む市町村とくらべてみましょう。

❶ 伝統的なものをいかしたまちづくりをしている市町村と、自分が住んでいる市町村とをくらべて、気づいたことを書きましょう。

❷ 国際交流をしている市町村と、自分が住んでいる市町村とをくらべて、気づいたことを書きましょう。

❸ あなたが選んだ、（①美しい景観・②れきしある建物・③自然かんきょうをいかした産業）をいかしてまちづくりをしている市町村と、自分が住んでいる市町村とをくらべて、気づいたことを書きましょう。

❹ 今日の学習で学んだことを書きましょう。

学びをいかす―2

年　　組　名前（　　　　　　　　　　　　　　）

県内の特色（とくしょく）ある地いきと、自分たちのまちのよさを、県外の人に伝（つた）えてみましょう。

❶ あなたが考える、伝統的（でんとうてき）なものをいかしたまちづくりをしている市町村のよさは、何だと考えますか。書きましょう。

❷ あなたが考える、国際（こくさい）交流をしている市町村のよさは、何だと考えますか。書きましょう。

❸ あなたが選（えら）んだ、（①美しい景観（けいかん）・②れきしある建物（たてもの）・③自然（しぜん）かんきょうをいかした産業（さんぎょう））をいかしてまちづくりをしている市町村のよさは、何だと考えますか。書きましょう。

❹ 「特色ある地いきと人々のくらし」の学習で、学んだことを書きましょう。

都道府県

解答例
QRコード

子どもページ
QRコード

本単元のポイント

①平成29年版の学習指導要領では、4年生で「47都道府県の名称と位置を理解すること」を求めています。一方で「我が国の47都道府県の名称と位置、世界の大陸と主な海洋の名称と位置については、（略）小学校卒業までに身に付け活用できるように工夫して指導すること」ともあります。そのため、無理をしてまで、4年生で完璧に覚えさせる必要はありません。最も避けたいことは「社会科＝膨大な量の暗記」などと勘違いさせてしまい、社会科嫌いをつくってしまうことです。

②機械的な暗記では、子どもは学ぶ意欲をもちづらいですし、たとえ覚えても、記憶が剥がれ落ちてしまうこともよくあります。そこで、児童自身に調べさせたり、児童の生活経験を想起させたり、さらには教師自身のエピソードを紹介するなどして、「覚えておいた方がスムーズに話ができる」「つまり、覚えておいた方が『おトク』だ」とさせたいものです。

③学ぶタイミングと、地図帳の活用も重要だと私は思っています。何の脈絡もなく、唐突に「奈良県の位置はここですよ」と伝えたとて、児童にはなかなか刺さりません。一方で、例えば時事ニュースを紹介しながら「昨日、ニュースになっていた奈良県は、ここにあります。奈良県では、ある魚がよくつくられています。海がないのにね。地図帳に載っているから、探してごらん」「奈良県はいくつの府県と接しているかな」等と、調べてみたくなるタイミングを見計らって、地図帳を活用させると、より記憶は定着します。

本単元ページの使い方について

①前半の3ページ（①～③）は、半ば機械的に、都道府県名を書いて覚えることに特化したページにしました。国語科の漢字の進度も踏まえながら、児童に取り組ませてください。また、児童の暗記が進めば、ページの右側を折ったり、紙で隠したりして、答えを見ずに書かせてください。

②次の6ページ（④～⑨）は、都道府県の位置と名称を、特色とともにまとめさせるページにしました。ややもすると「2問目は青森県だ」などと、位置を見ずに解答してしまう児童も出てきます。そうならないよう、位置とともに覚えられるようにしています。

③最後のページ（⑩）は、全47都道府県を問うようにしています。「ただやみくもに何度も解かせる」よりも、「自分は○○県をよく忘れる」「この学び方がよく頭に入る」など、児童自身が自分にあった内容や学び方を発見するきっかけになることを願っています。

北海道・東北・関東地方

年　組　名前（　　　　　　　　　　　）

❶ 北海道地方と東北地方の都道府県を覚えましょう。

　覚えられた人は、右側を折ったり、かくしたりして、見ないで書きましょう。

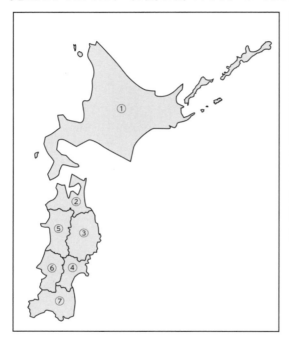

①		ほっかいどう 北海道
②		あおもりけん 青森県
③		いわてけん 岩手県
④		みやぎけん 宮城県
⑤		あきたけん 秋田県
⑥		やまがたけん 山形県
⑦		ふくしまけん 福島県

❷ 関東地方の都道府県を覚えましょう。

　覚えられた人は、右側を折ったり、かくしたりして、見ないで書きましょう。

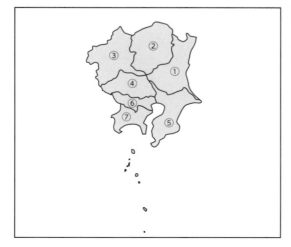

①		いばらぎけん 茨城県
②		とちぎけん 栃木県
③		ぐんまけん 群馬県
④		さいたまけん 埼玉県
⑤		ちばけん 千葉県
⑥		とうきょうと 東京都
⑦		かながわけん 神奈川県

中部・近畿地方

年　組　名前（　　　　　　　　　　　　　　　）

❶ 中部地方の都道府県を覚えましょう。

覚えられた人は、右側を折ったり、かくしたりして、見ないで書きましょう。

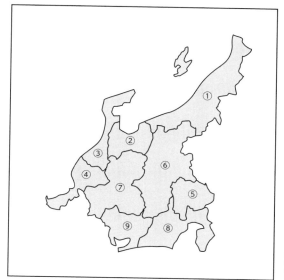

①		にいがたけん 新潟県
②		とやまけん 富山県
③		いしかわけん 石川県
④		ふくいけん 福井県
⑤		やまなしけん 山梨県
⑥		ながのけん 長野県
⑦		ぎふけん 岐阜県
⑧		しずおかけん 静岡県
⑨		あいちけん 愛知県

❷ 近畿地方の都道府県を覚えましょう。

覚えられた人は、右側を折ったり、かくしたりして、見ないで書きましょう。

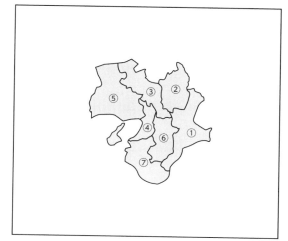

①		みえけん 三重県
②		しがけん 滋賀県
③		きょうとふ 京都府
④		おおさかふ 大阪府
⑤		ひょうごけん 兵庫県
⑥		ならけん 奈良県
⑦		わかやまけん 和歌山県

都道府県 3

中国・四国・九州地方

年　　組　名前（　　　　　　　　　　　）

❶ 中国・四国地方の都道府県を覚えましょう。

覚えられた人は、右側を折ったり、かくしたりして、見ないで書きましょう。

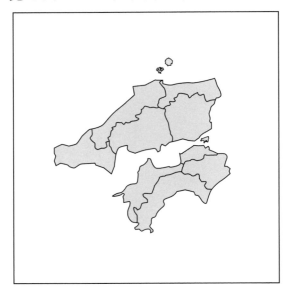

①		<ruby>鳥取県<rt>とっとりけん</rt></ruby>
②		<ruby>島根県<rt>しまねけん</rt></ruby>
③		<ruby>岡山県<rt>おかやまけん</rt></ruby>
④		<ruby>広島県<rt>ひろしまけん</rt></ruby>
⑤		<ruby>山口県<rt>やまぐちけん</rt></ruby>
⑥		<ruby>徳島県<rt>とくしまけん</rt></ruby>
⑦		<ruby>香川県<rt>かがわけん</rt></ruby>
⑧		<ruby>愛媛県<rt>えひめけん</rt></ruby>
⑨		<ruby>高知県<rt>こうちけん</rt></ruby>

❷ 九州地方の都道府県を覚えましょう。

覚えられた人は、右側を折ったり、かくしたりして、見ないで書きましょう。

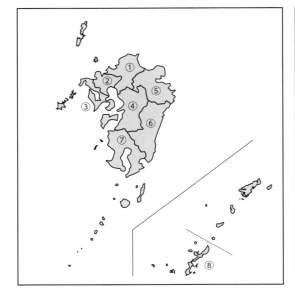

①		<ruby>福岡県<rt>ふくおかけん</rt></ruby>
②		<ruby>佐賀県<rt>さがけん</rt></ruby>
③		<ruby>長崎県<rt>ながさきけん</rt></ruby>
④		<ruby>熊本県<rt>くまもとけん</rt></ruby>
⑤		<ruby>大分県<rt>おおいたけん</rt></ruby>
⑥		<ruby>宮崎県<rt>みやざきけん</rt></ruby>
⑦		<ruby>鹿児島県<rt>かごしまけん</rt></ruby>
⑧		<ruby>沖縄県<rt>おきなわけん</rt></ruby>

82

北海道・東北地方の有名なものを調べる

年　　組　名前（　　　　　　　　　　　　　　）

❶ 北海道地方と東北地方にある道県の、お寺や神社、観光スポット、ふるさと納税、伝統工芸、自然やグルメなどの中から、有名なものを調べて、3つを書きましょう。

都道府県名

都道府県名

都道府県名

都道府県名

都道府県名

都道府県名

都道府県名

関東地方の
有名なものを調べる

年　組　名前（　　　　　　　　　　　　　　）

❶ 関東地方にある都県の、お寺や神社、観光スポット、ふるさと納税、伝統工芸、自然やグルメなどの中から、有名なものを調べて、3つを書きましょう。

都道府県名

都道府県名

都道府県名

都道府県名

都道府県名

都道府県名

都道府県名

中部地方の
有名なものを調べる

年　　組　名前（　　　　　　　　　　　　）

❶ 中_{ちゅう}部地方にある県の、お寺や神社、観_{かんこう}光スポット、ふるさと納_{のうぜい}税、伝_{でんとうこうげい}統工芸、自_し然_{ぜん}やグルメなどの中から、有名なものを調べて、3つを書きましょう。

都道府県名

都道府県名

都道府県名

都道府県名

都道府県名

都道府県名

都道府県名

都道府県名

85

近畿地方の
有名なものを調べる

年　　組　名前（　　　　　　　　　　　　）

❶ 近畿地方にある府県の、お寺や神社、観光スポット、ふるさと納税、伝統工芸、
自然やグルメなどの中から、有名なものを調べて、3つを書きましょう。

都道府県名

都道府県名

都道府県名

都道府県名

都道府県名

都道府県名

都都道府県名

都道府県名

中国・四国地方の
有名なものを調べる

年　　組　名前（　　　　　　　　　　　　）

❶ 中国・四国地方にある県の、お寺や神社、観光スポット、ふるさと納税、伝統工
芸、自然やグルメなどの中から、有名なものを調べて、3つを書きましょう。

都道府県名

都道府県名

都道府県名

都道府県名

都道府県名

都道府県名

都道府県名

都道府県名

87

九州地方の
有名なものを調べる

年　組　名前（　　　　　　　　　　）

❶ 九 州 地方にある県の、お寺や神社、観光スポット、ふるさと納税、伝統工芸、自然やグルメなどの中から、有名なものを調べて、3つを書きましょう。

都道府県名

都道府県名

都道府県名

都道府県名

都道府県名

都道府県名

都道府県名

都道府県名

47都道府県の位置と名前を覚える

年　　組　名前（　　　　　　　　　　　　　　　）

❶ 空いているらんに、都道府県（とどうふけん）の名前を書いて覚（おぼ）えましょう。

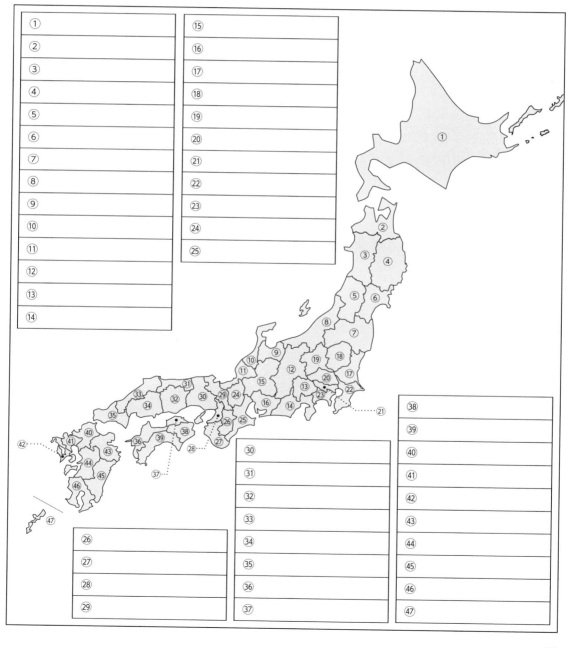

①
②
③
④
⑤
⑥
⑦
⑧
⑨
⑩
⑪
⑫
⑬
⑭

⑮
⑯
⑰
⑱
⑲
⑳
㉑
㉒
㉓
㉔
㉕

㉖
㉗
㉘
㉙

㉚
㉛
㉜
㉝
㉞
㉟
㊱
㊲

㊳
㊴
㊵
㊶
㊷
㊸
㊹
㊺
㊻
㊼

あとがき

　本ワークシートでは、私が4年生社会科で大事にしたいと考えている、下の3点を意識して執筆しています。1つの単元では難しいかもしれませんが、複数の単元で、あるいは1年間で、身に付けられるよう、先生方も上の3点を意識しつつ、4年生社会科を実施していただければ幸いです。

> ①資料から自分の意見をもつこと
> ②よりよい社会を考えること
> ③世の中に興味をもてること

　これら3点は、学習指導要領とも重なりますし、市民性（公民的資質と同義）の国際調査で求められていることでもあります。4年生の単元を例に、具体を挙げてみることにします。

①資料から自分の意見をもつ

　大学入学共通テスト（旧センター試験）においても、技能の問題が出題されているほど、社会科では資料を読み取る「技能」が大事にされています。「地図帳で～（単元「県の広がり」）」「ごみカレンダーを見て～（単元「ごみの処理と利用」）」等があてはまります。

②よりよい社会を考えること

　4年生で学習するのは県域であり、自分（たち）の行動がよりよい社会につながっていくことに気付かせたいものです。「自分にできる水を大切にする行動～（単元「水はどこから」）」「自分にできるくらしを守る行動～（単元「自然災害からくらしを守る」）」等があてはまります。

③世の中に興味をもてること

　教科書の中の世界だけを学ぶのではなく、世の中を学ぶからこそ「社会（世の中）科」です。学ぶためには、興味は欠かせません。このことは当然、全単元が当てはまります。

　他方、本ワークシートの下書きを囲みながら、職場の若手の先生と話していました。するとその先生は「こうやって単元を展開すればいいのですね」と、納得してくれていました。そのつぶやきは、私にとって目から鱗でした。それは、ワークシートは、子どもに書かせるだけでなく、授業の展開を示す役割をもっていたことに気付くことができたからでした。「あとがき」を執筆している2023年8月、教師の多忙化が叫ばれています。そのため、本ワークシートを子どもに書かせることで、加えて、本ワークシートにて授業の展開を確認することで、先生方の授業の準備時間を短縮するお手伝いができれば、それに勝る喜びはありません。

　「はじめに」で述べたように、ワークシートを使った授業が苦手な私にとって、本ワークシートは遅々として筆が進みませんでした。そのような私に何度も鞭を入れてくださった樋口雅子様はじめ、関わってくださった皆様に感謝申し上げます。

山方貴順